Ingeborg Knaak

Geliebte Schmusetiere

Spiel- und Kuscheltiere selbermachen

frechverlag

Zum Thema „Tiere“ sind im frechverlag viele weitere Bücher erschienen. Hier eine Auswahl:

TOPP 2059

TOPP 2199

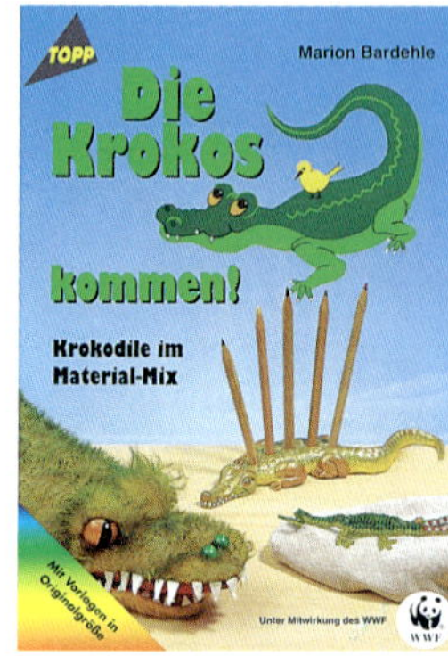

TOPP 2183

TOPP 2182

TOPP 2189

TOPP 2125

Fotos: frechverlag GmbH + Co. Druck KG, 70499 Stuttgart; Fotostudio Ullrich & Co., Renningen

Auflage: 5. 4. 3. 2. 1. | Letzte Zahlen
Jahr: 2001 2000 1999 98 97 | maßgebend

frechverlag GmbH + Co. Druck KG, 70499 Stuttgart

ISBN 3-7724-2270-5 · Best.-Nr. 2270

Druck: frechverlag GmbH + Co. Druck KG, 70499 Stuttgart

Schmusetiere

sind von jeher ständige Begleiter kleiner und großer Kinder. In der Kindheit werden sie heiß geliebt, gedrückt, gestreichelt – oder wütend und zornig in die hinterste Ecke des Kinderzimmers geworfen.
Später erfahren sie von Leid und Glück des Erwachsenwerdens. Sie begleiten ihren Besitzer auf vielen Wegen und bekommen bei Wohnungs-, Orts- oder Landeswechsel immer wieder einen neuen Platz. Bis sie eines Tages mit abgewetzten Pfoten, abgerissenem Schwanz oder Ohr, zum Teil einäugig, in einer Sammelkiste auf dem Speicher landen.
Erst in der nächsten, manchmal gar in der übernächsten Generation erinnert man sich an „Tapsi, Lumpi, Fritzchen, Max" und wie sie alle heißen mögen. Liebevoll wird dann so manches Schmusetier wieder hervorgekramt, Erinnerungen werden wach. Mit Eifer geht dann so manche Mutter oder Omi daran, „das Schmusetier" für den eigenen Liebling wieder aufzuarbeiten.

Wie ich darauf komme, dieses Buch mit verschiedenen Schmusetieren zu machen?
Von unseren drei Kindern ist eine große Anzahl von Schmusetieren auf dem Speicher. Jedes unserer Kinder hat sich nur eins in seine eigene Welt mitgenommen. Schon jetzt beginnt unser vierjähriger Enkelsohn zu fragen, wenn er mit mir auf den Boden geht: „Gehört das meiner Mami?"
Damit Sie, liebe Leserinnen, für Ihr Kind oder Enkelkind ein Kuscheltier selbst herstellen können, das dann auch eine Lebensgeschichte erzählen kann, habe ich unser Haus in ein plüschiges Warenlager verwandelt. Schnitte, Stoffe, Wolle, Augen, Gelenke usw., haben meinem Mann kaum Platz zum gemütlichen Sitzen gelassen. Aber seine Kritik, Zustimmung oder sein Lob waren für mich sehr wichtig.
Wie der eine oder andere Geselle bei Kindern ankommt, testet bei jedem Besuch unser Enkelsohn. Es ist zu schön, wenn er ein Tier in den Arm nimmt, drückt und mit großen Augen fragt: „Darf ich den mitnehmen?" – So soll es Ihnen auch ergehen.

Ich wünsche Ihnen viel Freude bei Ihrer Arbeit!

Ingeborg Knaak

Materialliste

- Mohairfell, verschiedene Qualitäten (z.B. glatt, gelockt, geknautscht, Sparse, Spitzer)
- Baumwollfelle, glatt oder leicht gelockt
- Filz oder Wollstoff (für Pfoten und Tatzen)
- Füllmaterial (Schafwolle, Granulat)
- Nasenstickgarn (Schnauzengarn)
- Augengarn, reißfest
- Knopflochseide
- Glasaugen
- Pappscheiben
- Schrauben, Flügelmuttern, Unterlegscheiben
- Lockenwickler
- TG-Schlauch
- Schere
- Maßband
- Glaskopfstecknadeln
- Nadeln
- extra lange Bärenaugennadel
- Zange
- diverse Stopfhölzer
- Schleifenbänder
- kleine Glöckchen

Besondere Hinweise für alle Kuscheltiere

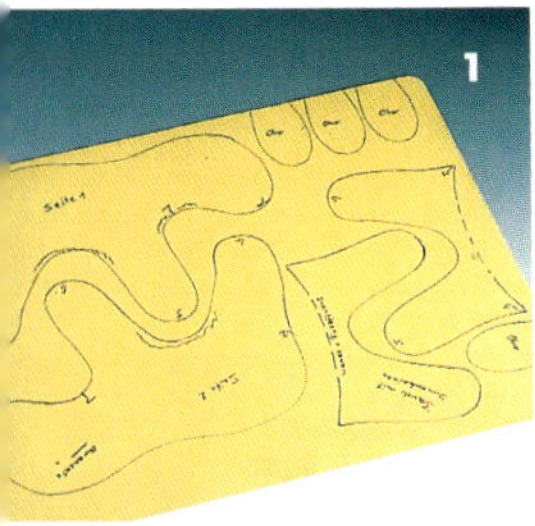

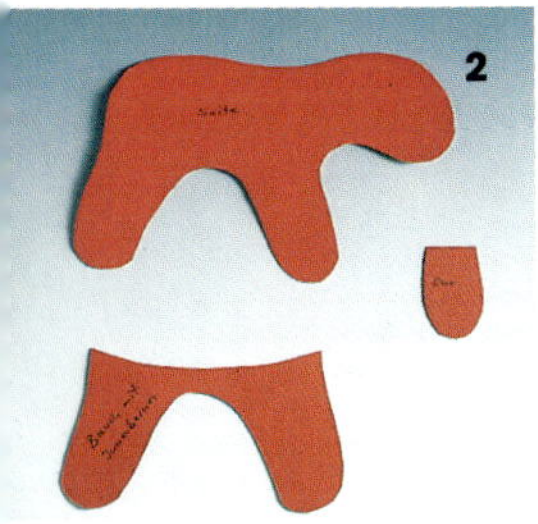

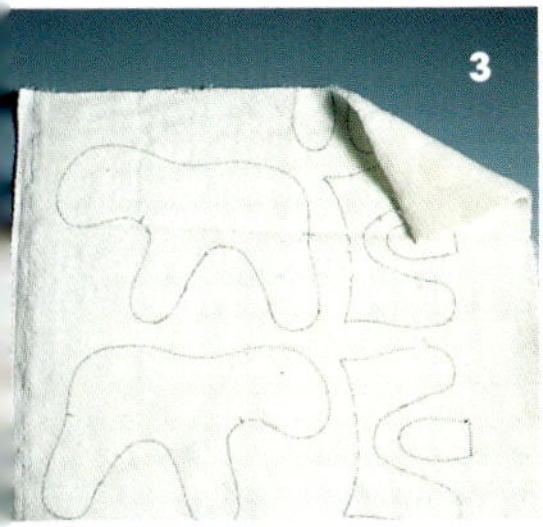

Um möglichst genau zu arbeiten, sollten Sie alle Schnitt-Teile so oft wie benötigt vom Vorlagenbogen auf Pappe oder noch besser auf farbigen Fotokarton übertragen. So lassen sich später verschiedene Schnitte besser auseinanderhalten (Abbildung 1+2).

Übertragen Sie auch alle Zahlen, Pfeile, Zeichen und Schriftzüge! Haben Sie sich so Papp-Schablonen geschaffen, beginnen Sie mit dem Übertragen auf den Stoff. Dazu benutzen Sie entweder einen weichen Bleistift oder einen wasserfesten Stift (Abb. 3).

Alle Teile, die Sie zusammenfügen, vorher mit Stecknadeln gut fixieren, heften und erst dann nähen!

Soll ein Tier eine Schnauze mit kurzem Haar bekommen, ist es ratsam, das Fell an den betreffenden Stellen vor dem Nähen bis zur gepunkteten Linie (....) mit einer scharfen Schere zu schneiden.

Einziehen der Augen (s. Skizzen)

Einen reißfesten Faden durch die Öse am Auge ziehen, die Öse mit einer kleinen Zange sanft zusammendrücken. Mit Stecknadeln die gewünschte Blickrichtung der Augen festlegen. Mit einer stabilen Bärennadel stechen Sie von der Stecknadel ausgehend durch den Kopf zur Halsöffnung und kommen mit der Nadel dort wieder heraus. Den Faden fest anziehen, verknoten und noch ein paar Mal durch den Halsrand vernähen.

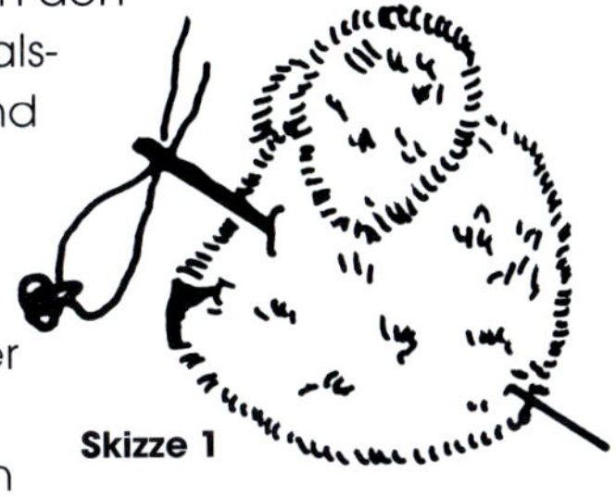

Skizze 1

Skizze 2

Die Nase bzw. Schnauze wird je nach Gefallen gestickt (vgl. die jeweiligen Anleitungen und Seite 6).

Matratzenstich

Falls Ihnen der Matratzenstich nicht bekannt ist, nähen Sie wie folgt:

Sie stechen die Nadel bei der Wendeöffnung ca. 0,5 cm von der Schnittkante entfernt in das Fell.

Führen Sie die Nadel genau gegenüber zur nächsten Schnittkante, und kommen Sie da ebenfalls 0,5 cm von der Kante aus dem Fell wieder heraus. Jetzt stechen Sie mit der Nadel an derselben Seite ca. 0,5 cm neben dem Ausstichpunkt ins Fell ein und führen die Nadel wieder gegenüber auf die andere Seite der Wendeöffnung. So fahren Sie fort, bis die Öffnung geschlossen ist.

Der Matratzenstich bewirkt, daß die Nahtstellen nicht übereinander, sondern vor- bzw. nebeneinander liegen.

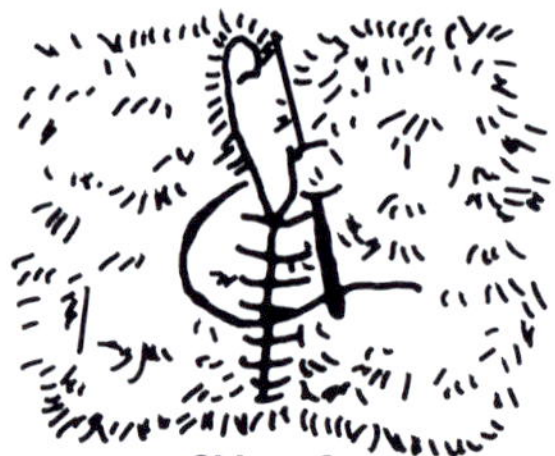
Skizze 3

Nasen- bzw. Schnauzenmuster

Markieren Sie die Nasen- oder Schnauzengröße vor dem Sticken immer mit einigen Glaskopfstecknadeln (Beachten Sie dabei, daß alle Nadeln von einer Farbe sind, weil verschiedenfarbige Stecknadeln irritieren). Beginnen Sie beim ersten Einstechen immer in der Mitte der Nase, so wird der Anfangsfaden später überstickt.

Möchten Sie die Nase in Längsrichtung, stechen Sie bitte immer unten ein und kommen oben heraus.

Bei Quer-Richtung von rechts nach links sticken (Bei Linkshändern umgekehrt).

Skizze 4

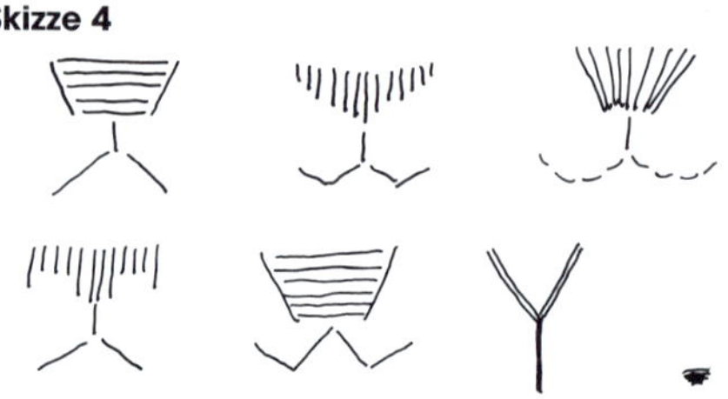
Pepe **Igel**

Krallen sticken

Mögen Sie gestickte Krallen? Das ist ganz einfach. Sie markieren wieder mit Nadeln genau die Länge und die Abstandsbreite zwischen den Krallen. Sie beginnen oben im Fell. Ein nicht zu dicker Knoten im Stickgarn, den Sie im Fell verschwinden lassen können, verhindert das „Aufribbeln".

Skizze 5

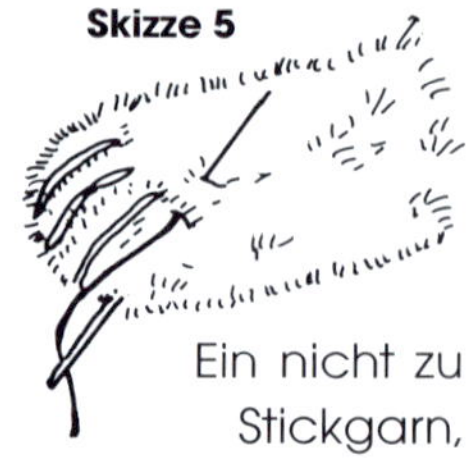

Sie führen die Nadel oben vom Fell nach vorn zur Pfotenkante und kommen genau an der Naht Fell/Pfotenstoff wieder heraus. Stechen Sie wieder von oben in den Ausgangspunkt, und führen Sie bei der nächsten Krallenmarkierung die Nadel heraus.

So fahren Sie weiter fort, bis alle Krallen gestickt sind.

Einsetzen der Gelenke

Ein Gelenksatz besteht immer aus Ober- und Unterteil. Sie setzen es wie folgt zusammen:

1. Gewindeschraube
2. Unterlegscheibe (als Schutz für die Pappscheibe)
3. Pappscheibe

Dann kommt eine Lage Fell. Dabei handelt es sich um das Fell von Kopf, Arm oder Bein, je nach Arbeitsart. Die Gewindeschraube wird durch die nächste Lage Fell geführt. Dann baut man den unteren Teil des Gelenksatzes an.

1. Pappscheibe
2. Unterlegscheibe
3. Flügelmutter

Skizze 6

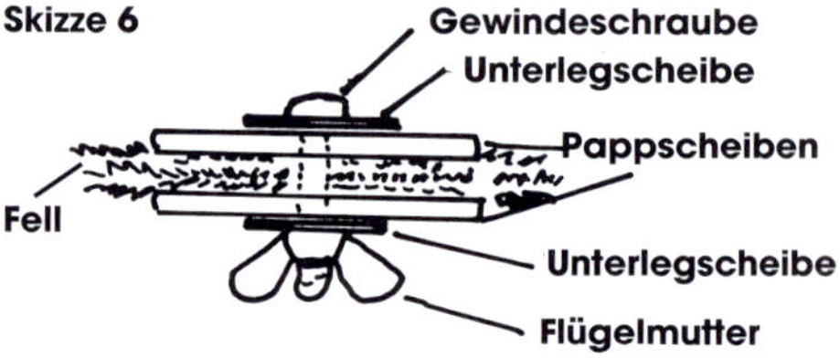

Kasimir

(Anleitung Seite 8)

Kasimir, der verwandelbare Handteddy

- **0,30 m x 0,75 m Mohair- oder Baumwollfell**
- **ca. 35 g Schafwolle**
- **1 Paar Augen, ø 8 oder 9 mm**
- **etwas Nasengarn**
- **1 Lockenwickler (ø ca. 3 cm, passend für einen Vaterfinger!)**
- **15 cm TG-Schlauch Gr. 2**

Für den „wärmenden Begleiter" zusätzlich:

- **1 Reißverschluß, 16–18 cm lang**

oder:

- **Klettverschluß, ca. 12–15 cm (im Fachhandel)**

Vorhang auf!! Kasperles bester Freund, der Teddybär, ist da! Er darf wirklich nicht fehlen, wenn man bedenkt, wen er verkörpern kann: Umwerfend ist die Phantasie eines kleinen Kindes. Fehlt im Kasperlspiel ein Hund – Teddy kann auch bellen. Wird der Wolf vom Rotkäppchen benötigt – Teddy verstellt seine Stimme. Er ist aber nicht nur Kasperles Freund! Anschmiegsam und freundlich, wie Kasimir ist, wird er von vielen Kindern geliebt. Erst recht, wenn er als „wärmender Begleiter" (im Körper verbirgt sich eine Kinderwärmflasche) das Kinderbettchen teilt.

So arbeiten Sie den Handteddy:

Haben Sie sich für Kasimir entschieden, benötigen Sie Körperschnitt Nr. 1 (durchgezogene Linie), soll Kasimir ein „wärmender Begleiter" sein, Körperschnitt Nr. 2 (durchgestrichelte Linie)

Haben Sie die Schnitt-Teile auf den Stoff übertragen (vgl. Seite 5), schneiden Sie alle Teile mit 0,5 cm Nahtzugabe aus.

Beginnen Sie mit dem Kopf.
Schließen Sie die Kinn-Naht von Punkt 2 bis Punkt 1. Anschließend das Kopfmittelteil zwischen die Seitenteile nähen: von Punkt 3 links über Punkt 1 bis Punkt 3 rechts. Darauf achten, daß auch die anderen Markierungspunkte genau aufeinanderpassen.
Die beiden Teile für jedes Ohr nähen Sie von Punkt 4 in Pfeilrichtung zu Punkt 5 und wenden sie. Die Ohrenöffnung etwas nach innen einschlagen und mit einem nicht zu kurzen, festen Faden so zunähen, daß das Ohr später mit demselben Faden am Kopf angenäht werden kann.
Nun den Kopf wenden und gut ausstopfen. Dabei für den mit TG-Schlauch bezogenen Lockenwickler (siehe Foto 1) als Fingerführung genügend Platz lassen. Den Lockenwickler lassen Sie bis zur Hälfte unten aus dem Kopf herausragen (Foto Nr. 2). Jetzt einen reißfesten Faden in die untere Halskante ziehen, um den Lockenwickler raffen und zusammenziehen. Um einen guten Halt zu bekommen, nähen Sie ein paar Mal durch den Lockenwickler.
Den Platz für Augen und Ohren bestimmen Sie selbst, ebenso die Form der Nase. So bekommt jeder Teddy sein individuelles Aussehen.

Für den Körper legen Sie beide Teile rechts auf rechts und nähen in Pfeilrichtung von Punkt 6 bis Punkt 7.
Achtung! Halsöffnung (gestrichelt) aussparen. Vor dem Wenden an den mit ✱ markierten Stellen die Ecken einschneiden (Formen kommen so besser heraus).

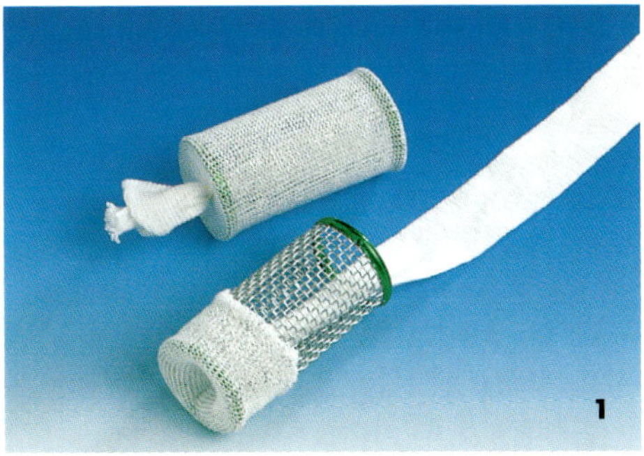

1

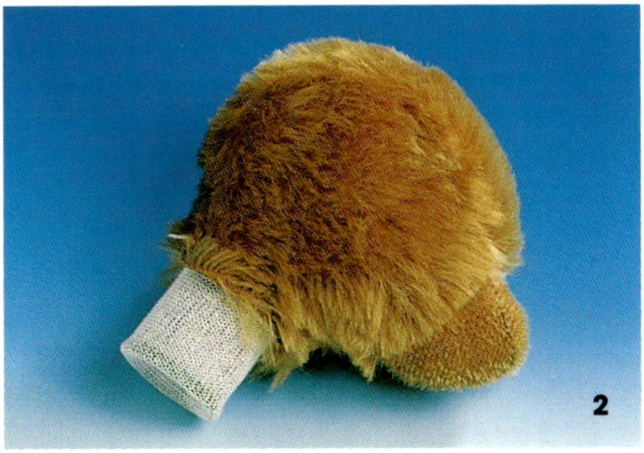

2

Nun stecken Sie den Kopf in die Halsöffnung und nähen die nach innen gekippte Halsöffnungsnaht mit kleinen Matratzenstichen (siehe Seite 6) am unteren Kopfrand an.
Jetzt brauchen Sie nur noch den unteren Rand des Körpers nach innen zu säumen, und Ihr Kind kann Kasimir glücklich in die Arme schließen oder Kasper und seinen Freunden vorstellen.

Soll der Teddy ein wärmender Gefährte sein, versehen Sie den unteren Saum mit Klettverschluß oder nähen einen Reißverschluß ein.
Übrigens können Sie Teddy Kasimir um sein Schnäuzchen ein bißchen rasieren, wenn Sie mögen (vgl. Seite 5).

Pepe, der lustige Hase

Da sitzt er, mit dem Korb voller Möhren im frischen Gras. Er ist so richtig satt! Aber mit gespitzten Ohren und wachem Blick hat er alles unter Kontrolle. Er sitzt in Wartestellung, will er doch seine Leckereien mit den Freunden teilen. Na, wann sie wohl kommen? Er ist ein ganz liebenswerter Geselle zum Nacharbeiten.

- **0,35 m x 0,75 m Baumwollfell**
- **0,10 m x 0,12 m Pfotenstoff**
- **ca. 100 g Schafwolle**
- **1 Paar schwarze Glasknopfaugen, ø 10 mm**
- **etwas Nasengarn**
- **Granulat, ca. 120 g**
- **1 Gelenksatz (1 Pappscheibe, ø 4,5 cm, 1 Pappscheibe, ø 3,5 cm, 1 Schraube, 1 Flügelmutter, 2 Unterlegscheiben) = M4**

So arbeiten Sie Pepe:

Mit den Vorarbeiten richten Sie sich nach den Hinweisen auf Seite 5 und 6. Haben Sie alle Teile ausgeschnitten, beginnen Sie mit dem Kopf. Legen Sie die Kopfseitenteile rechts auf rechts, und nähen Sie die Kinn-Naht von Punkt 2 nach Punkt 1. Anschließend das Kopfmittelteil zwischen die Seitenteile von Punkt 3 über Punkt 1 bis Punkt 3 nähen.
Die Ohren nähen Sie von Punkt 4 in Pfeilrichtung zu Punkt 5 und wenden sie. Die Ohrenöffnung wird etwas nach innen eingeschlagen und mit einem nicht zu kurzen, festen Faden so zugenäht, daß das Ohr später mit demselben Faden am Kopf angenäht werden kann. Nun den Kopf wenden und gut ausstopfen. Ist der Kopf bis fast an den unteren Halsrand gefüllt, raffen Sie einen reißfesten Faden um die Halsöffnung und setzen die obere Hälfte des Gelenkes mit der kleineren Pappscheibe ein (vgl. Skizze 6).
Den Faden fest über der Scheibe zusammenziehen.
Die Position von Augen und Ohren bestimmen Sie wieder selbst. Die Nase für Pepe entnehmen Sie Skizze 4, Seite 6.

Bei dem Körper beginnen Sie mit den Abnähern: Punkt 8 (am Bauch) und Punkt 9 (am Rücken). Den Bauch von Punkt A bis Punkt B zusammennähen. Die Rückenteile von Punkt C bis Punkt D zusammenfügen – Achtung! Wendeöffnung (– – – –) aussparen.
Nun legen Sie Bauchteil auf Rückenteil, rechts auf rechts, und nähen zuerst

von Punkt E über Punkt C, dabei die kleine Öffnung (....) für den Kopfansatz beachten, wieder zum nächsten Punkt E. Die Schrittnaht wird von Punkt F hinweg über Punkt D wieder zum nächsten Punkt F geschlossen.

Die Punkte E und F bleiben unten offen, dort wird jeweils die Fußsohle eingesetzt. Dabei achten Sie darauf, daß die Zeichen O und X genau aufeinander treffen! Die Ecken an den Zeichen ▲ gut einschneiden. Den Körper wenden.

Den fertigen Kopf bei Zeichen ■ am Körper mit dem Gelenk befestigen (vgl. Skizze 6). Damit sich die Flügelmutter nicht zurückdrehen kann, genügt ein Tropfen Sekundenkleber.

Nun stopfen Sie die Füße möglichst fest, die Arme und Beine locker mit Wolle aus. Granulat in den Körper füllen (Sitzfläche) und den Rest des Körpers weich mit Wolle ausfüllen. Die Füllöffnung wird mit Matratzenstich geschlossen.

Jetzt noch das Stummelschwänzchen von Punkt 6 in Pfeilrichtung zu Punkt 7 zusammennähen, wenden, stopfen und wie bei den Ohren die Öffnung schließen. Das Schwänzchen an Pepes Po so annähen, daß das Unterteil, Punkt 7, etwa mit der Sitzfläche bündig ist.

● ● ●

Wenn Sie mögen, können Sie Pepe jetzt noch mit einer Schleife verschönern. Mögen Sie ihm Krallen sticken? Bitte aber nie mehr als vier (vgl. Skizze 5)!

Der große, braune Waldb

(Abbildung Seite 14/15)

Lautlos, trotz der großen tapsigen Pfoten, schleicht der Waldbär durch das Gelände. Er führt sein Junges in das freie Leben ein. Schritt für Schritt, immer wieder verharrend, um zu wittern, ob keine Gefahr droht. Mutig, neugierig in Vaters Obhut, tapst das Kleine hinterher.

Das, liebe Leserinnen, ist etwas Besonderes: Vater Bär ist so groß, daß kleine Kinder sich gerne darauf setzen.

Ein Schmuckstück für das Kinderzimmer.

Großer Waldbär:

- **0,50 m x 1,40 m oder 0,85 m x 0,70 m Mohairfell**
- **0,20 m x 0,15 m Pfotenstoff**
- **1 Paar Augen, ø 16–18 mm**
- **Nasengarn**
- **650 g Schafwolle**
- **0,20 m x 0,15 m Pappe oder Sperrholz zur Sohlenverstärkung**

Kleiner Waldbär:

- **0,25 m x 0,70 m Mohairfell**
- **0,10 m x 0,15 m Pfotenstoff**
- **1 Paar Augen, ø 9–10 mm**
- **Nasengarn**
- **ca. 150–200 g Schafwolle**
- **0,10 m x 0,15 m Pappe oder Sperrholz zur Sohlenverstärkung**

HINWEIS Für das Junge können Sie den Schnitt in jede gewünschte Größe auf einem guten Kopierer verkleinern lassen. Auf diese Art ist es Ihnen möglich, jede Größe selber zu bestimmen! Das Junge wird genau wie der große Bär gearbeitet, mit entsprechend weniger Material.

So arbeiten Sie die beiden Waldbären:

Auch hier richten Sie sich nach den Hinweisen von Seite 5 und 6.

Haben Sie alle Teile ausgeschnitten, beginnen Sie so:
An die seitlichen Körperteile nähen Sie die Schnauzenteile, Punkt B auf Punkt B, Punkt D auf Punkt D. Dann nähen Sie die Schnauze von Punkt A bis Punkt C zu. Jetzt werden die Seitenteile von Zeichen O bis Zeichen O in Pfeilrichtung genäht. Der Rücken entsteht.

Das Kopfmittelteil setzen Sie wie folgt ein: Die schmale Spitze Punkt C muß auf Punkt C der Schnauze passen, die Punkte D auf D der Schnauze. Das Zeichen O an der breiten Spitze an das Zeichen O am Rücken nähen.

Das Kinn unter die Schnauze setzen. Achten Sie darauf, daß alle Punkte aufeinanderliegen. Punkt A (Kinn) auf Punkt A (Schnauze), Punkt B vom Kinn auf Punkt B von Schnauze/Körperteil, Zeichen ▲ vom Kinn auf Zeichen ▲ des Körperseitenteils.

Den Bauch nähen Sie von Punkt H bis Punkt J zusammen. Achtung! Wendeöffnung (- - -) aussparen!
Nun wird der Bauch in die seitlichen Körperteile genäht. An den Hinterbeinen von Punkt G über Zeichen O wieder bis Punkt G. Die Vorderbeine von Punkt F über Zeichen ▲ wieder bis Punkt F. Die Innenseiten von Punkt F am Hinterbein bis Punkt G am Vorderbein. Die Füße bleiben unten offen. Hier nähen Sie die Fußsohlen, die Sie aus Pfotenstoff zugeschnitten haben, ein. Auf die Zeichen achten!

Die Ohren schließen Sie von Zeichen X bis Zeichen X in Pfeilrichtung.

Nun noch alle Ecken und Innenbögen etwas einschneiden, den Bären wenden und füllen. Dabei erst die Verstärkung in die Pfoten (Pappe oder Sperrholz) einlegen. Ist der Bär gut und fest gestopft, schließen Sie die Wendeöffnung.

Augen und Ohrenstellung festlegen und die Teile anbringen. Die Nase wird nach Skizze 4 gestickt.

Eine Igelmutter mit zwei Jungen

Psst!
Es raschelt im Laub unter dem Haselnußbusch. Wer kommt da aus dem Zweig-Laubhaus? Richtig, es ist die Igelmutter mit ihren zwei Jungen. Schön hintereinander laufen die Kleinen der Mutter nach. Wo geht es wohl hin? Zur Futterstelle! Wir wollen sie nicht stören. Wie wäre es, so eine Igelmutter mit ihren Jungen herzustellen?

Material für die Igelmutter, in Klammern für ein Junges

- **0,40 m x 0,15 m Mohair-Spitzer (0,30 m x 0,10 m)**
- **0,20 m x 0,15 m Mohair-Kurzflor (0,15 m x 0,15 m)**
- **Filzreste**
- **Schafwolle, ca. 60 g (25 g)**
- **Nasengarn**
- **schwarze Knopfaugen, ø 8–9 mm (ø 5 mm)**

So arbeiten Sie die Igel:

Haben Sie die Hinweise für die Vorarbeiten auf Seite 5/6 nachgelesen, gehen Sie wie folgt vor.

An den Seitenteilen A die Abnäher schließen. Beide Seitenteile rechts auf rechts legen und von Punkt 4 in Pfeilrichtung zu Punkt 5 nähen.

An das Schnauzenteil C die kleinen Filzohren, an das Bauchteil B die Filzfüßchen heften. (Siehe gepunktete Linien auf dem Vorlagenbogen). Nun das Schnauzenteil C von Punkt 2 über Punkt 1 zu Punkt 2 an das Bauchteil B nähen.

Jetzt wird das fertige Unterteil (Bauch-Schnauze) in den Stachelkörper genäht.

Auf alle Zeichen achten. Obere Naht Punkt 5 muß genau auf Zeichen O passen. Punkt 2 muß auf Punkt 3 liegen, Punkt 4 auf Zeichen X.

Bei diesem letzten Arbeitsgang ist es ganz wichtig, die Naht vorher gut zu heften. Erst dann nähen! Achtung! Wendeöffnung aussparen.

Nun den Igel wenden, mit Schafwolle füllen und die Füllöffnung schließen.

Jetzt können Sie die Augen einsetzen und eine kleine runde Nase sticken.

Zufrieden mit Ihrer Arbeit? Vielleicht hätten Sie Lust, gleich eine ganze Igelparade zu arbeiten.

Nicht nur für Kinder sind diese putzigen Igel eine Freude. Als Dekoration in der Diele oder auf den Treppenstufen eignen sie sich ebenfalls sehr gut.

Knuddelhund „Schnuppe“

Schnuppe
mault vor sich hin
und tut sich selber leid!
Max, sein bester Freund,
ist noch in der Schule. Erst am
Nachmittag geht er mit ihm ’raus!
Allein darf er nicht in den Garten,
hat er doch in den Blumen und
Gemüsebeeten gebuddelt. Dabei
wollte er nur den versteckten Knochen wiederfinden. Na ja, so ist
das Hundeleben.
Aber Schnuppe kann man
nach Lust und Laune knuddeln! Mögen Sie ihn
nacharbeiten?

- **0,55 m x 0,70 m Mohairfell, gelockt**
- **ca. 200 g Schafwolle**
- **ca. 175 g Granulat**
- **1 Paar Glasknopfaugen, ø 12 cm**
- **etwas Nasengarn**

So arbeiten Sie „Schnuppe“:

Haben Sie die Vorarbeiten (Hinweise von Seite 5/6) beachtet, alle Teile mit 0,5 cm Nahtzugabe zugeschnitten, arbeiten Sie wie folgt: Stirn (Teil 1) an den Kopf (Teil 2) ansetzen: Punkt 1 muß auf Punkt 1, Punkt 2 auf Punkt 2 passen.
Dann das obere Schnauzenteil (Teil 3), gleiche Zahl auf gleiche Zahl, an das untere Schnauzenteil (Teil 4) nähen. Nun Kopf und Schnauzenteil genauso zahlengleich zusammenfügen.

Legen Sie die Bauchhälften (Teil 7) rechts auf rechts, und nähen Sie die Mittelnaht von Zeichen O bis Zeichen O zusammen.
Achtung! Wendeöffnung aussparen! Jetzt die Körperseiten (Teil 6) rechts auf rechts legen und von Punkt 9 bis Punkt 8 zusammennähen.
Bauchteil in den Körper einpassen, von Punkt 7 über Zeichen ▲ bis Punkt 8. Nun den Kopf ansetzen, Punkt 5 liegt auf Punkt 7, Zeichen ✱ auf Zeichen ✱, Punkt 9 auf Punkt 9.
Die Ohren (Teil 5) bitte in Pfeilrichtung von Punkt 10 bis Punkt 10 zunähen, wenden, die offene Kante etwas nach innen einschlagen und mit einem nicht zu kurzen reißfesten Faden zusammenheften. Mit demselben Faden werden die Ohren später am Kopf (Ansatzstelle) angenäht.
Den Schwanz (Teil 8) von Zeichen ■ bis Zeichen ■ zunähen, wenden und später an den ausgestopften Hund an der Ansatzstelle von Hand annähen. Den Körper vor dem Wenden an der Wellenlinie (siehe Vorlagenbogen) etwas einschneiden.
Nun bekommt Schnuppe seine „Form“. In den Kopf Füllmaterial stopfen. In jedes Bein füllen Sie ca. 30 g Granulat, darauf stopfen Sie etwas Füllmaterial. So kann das Granulat nicht wegrieseln. Dann den Rest Granulat in den Körper füllen, das restliche Füllmaterial hinzufügen und die Wendeöffnung mit Matratzenstichen schließen.
Augen und Schnauze nach eigenen Wünschen anbringen. Ohren und Schwänzchen nicht vergessen!

Jetzt ist „Schnuppe“ fast zum Knuddeln fertig.
Sie können ihm noch eine Schleife, ein Halsband oder ein kleines Tuch umbinden.

Die Robbe „Hinnak"

*Allein,
etwas gelangweilt,
liegt Hinnak auf der Sandbank. Keiner der Freunde hat heute Zeit zum Spielen. Er überlegt, was er tun soll. Muscheln oder Seesterne zählen? Oder von leckeren kleinen Fischen träumen? Arbeiten Sie ihn schnell nach, damit ihm nicht mehr langweilig ist! Hinnak zu arbeiten geht ganz schnell.*

- **0,70 m x 0,75 m Mohairfell, glatt**
- **ca. 200 g Granulat**
- **ca. 200 g Füllmaterial (Schafwolle)**
- **1 Paar schwarze Glasknopfaugen, ø 12 cm**
- **etwas Nasengarn**

So arbeiten Sie die Robbe:

Haben Sie die Vorarbeiten (Hinweise von Seite 5/6) beachtet und alle Teile mit 0,5 cm Nahtzugabe zugeschnitten, arbeiten Sie wie folgt:

Kopfmitte (Teil 3) an den Bauch (Teil 2) zahlengerecht ansetzen: Punkt 4 auf Punkt 4, Punkt 5 auf Punkt 5.
Die seitlichen Körperteile (Teil 1) werden rechts auf rechts gelegt und von Punkt 1 bis Punkt 6 zusammengenäht.
Nun das Bauchteil mit Kopfmitte in die Seitenteile einpassen. Hier achten Sie darauf, daß alle Zahlen und Zeichen aufeinander passen.
Achtung! Wendeöffnung aussparen! Vor dem Wenden Ecken und Innenrundungen etwas einschneiden.
Den Kopf mit Füllmaterial ausstopfen. In alle Flossen füllen Sie Granulat, und zwar in die vorderen Flossen 130 g, in die hinteren Flossen 70 g. Dann wird der Rest Füllmaterial in den Körper gestopft.
Wendeöffnung mit Matratzenstich schließen. Augen nach Gefallen seitlich einziehen.
Sticken Sie die Nase, und nun das Wichtigste: ziehen Sie die typischen Barthaare ein! Die Fäden dicht an der Nase verknoten, das verhindert, daß die Barthaare herausgezogen werden.

Das Lämmchen „Toky“ und die kleine Ente „Emmeli“ für die Allerkleinsten

Kann man sich diese kleinen, weichen Kuscheltiere aus einem Kinderbett wegdenken? Mit Sicherheit nicht! Gerade wenn die kleinen Hände beginnen zu greifen, ist so ein Schmusetier genau das Richtige: Weich, leicht und klein. Liebe Leserinnen, ganz schnell, ohne viel Aufwand, haben Sie so ein Lämmchen oder Entchen angefertigt. Auch wenn es in der eigenen Familie gerade nicht benötigt wird, als erstes Geschenk zur Geburt eines Kindes ist es immer richtig, und Sie bereiten sicher viel Freude damit.

Lämmchen „Toky“

- **0,30 m x 0,30 m Woll- oder Baumwollplüsch, rohweiß**
- **ca. 30 g Schafwolle**
- **etwas Nasengarn**
- **Schleifenband**
- **Glöckchen**

Anleitung Seite 24

Ente „Emmeli“

- 0,30 m x 0,30 m Baumwollplüsch
- ca. 30 g Schafwolle
- roter Filzrest
- etwas Perlgarn für die Augen

Anleitung Seite 24

So wird Toky gearbeitet:

Die Vorarbeiten lesen Sie auf Seite 5/6. Haben Sie alle Teile mit 0,5 cm Nahtzugabe ausgeschnitten, legen Sie beide Körperseitenteile rechts auf rechts und nähen von Punkt 1 in Pfeilrichtung bis Punkt 2. Den Bauch nähen Sie von Punkt 3 bis Punkt 4, Achtung! Wendeöffnung (– – –) aussparen.

Nun den Bauch in den Körper einpassen. Achten Sie darauf, daß alle Punkte genau aufeinander passen: Punkt 5 auf Punkt 5, Punkt 6 auf Punkt 6, Punkt 2 liegt auf Punkt 3, Punkt 1 auf Punkt 4.

Nun nähen Sie von Punkt 1 über 5-6-2 und weiter zum nächsten Punkt 6-5 und kommen wieder zu Punkt 1.

Die inneren Rundungen unter dem Kopf und zwischen den Beinen (Schlangenlinie) bis zur Naht einschneiden und alles wenden.

Füllen Sie das Lämmchen locker mit Schafwolle, und schließen Sie die Füllöffnung mit Matratzenstich. Die Ohren von Punkt 7 zu Punkt 8 in Pfeilrichtung zusammennähen, wenden, weiter so verfahren, wie bei Kasimir beschrieben (Seite 8/9), und an den Markierungspunkten festnähen.

Wenn Sie möchten, können Sie Toky noch ein „Stummelschwänzchen" annähen. Dazu schneiden Sie aus einem Fellrest ein kleines Quadrat aus, kräuseln es ein (das geht am besten von Hand!), stopfen ganz wenig Schafwolle hinein, ziehen den Faden zusammen und nähen das Schwänzchen gleich am Hinterteil an.

Augen und Schnauzenkreuz sticken.

Toky braucht natürlich ein Halsband mit Glöckchen!

So wird Emmeli gearbeitet:

Fangen Sie an wie auf Seite 5/6 beschrieben. Alle Teile mit 0,5 cm Nahtzugabe ausschneiden. Den Schnabel aus Filz zuschneiden und von Punkt 2 in Pfeilrichtung zu Punkt 3 zusammennähen, wenden und ganz leicht mit Schafwolle füllen. Die Öffnung schmal an der Kante zusteppen.

Die Flügelteile rechts auf rechts legen und rundherum zusammennähen. Eine Seite an der markierten Stelle einschneiden und den Flügel durch den kleinen Schlitz wenden. Danach den Schlitz mit kleinen Stichen von Hand zusammenziehen. Darauf achten, daß der zweite Flügel gegengleich eingeschnitten wird! Nun wird auf jedem Körperseitenteil ein Flügel auf die markierte Stelle (....) gesteppt, und zwar so, daß der kleine Wendeschlitz nach innen liegt.

Anschließend legen Sie die Körperseitenteile rechts auf rechts, legen den Schnabel dazwischen an die Punkte 2 und 3 und nähen von Punkt 1 über Punkt 2 und 3 zu Punkt 4 das Entchen zusammen.

Jetzt brauchen Sie nur noch den Boden einzunähen. Punkt 1 muß auf Punkt 1 liegen, Punkt 4 auf Punkt 4. Achtung! Wendeöffnung aussparen. An den Ecken ✱ etwas einschneiden und wenden. Füllen Sie das Entchen mit Schafwolle aus, und nähen Sie die Füllöffnung mit Matratzenstich zu.

Kleine Augenpunkte sticken, und Emmeli ist nun kuschelfertig!